LE TRÉSOR DES PANDAS GÉANTS

Éditeur : François Martin assisté de Fanny Gauvin
Directeur de la création : Kamy Pakdel
 – ISBN 978-2-330-06418-1
Loi 49-956 du 16 juillet 1949 sur les publications destinées à la jeunesse.

ROMAN

LE TRÉSOR DES PANDAS GÉANTS

PASCAL VATINEL

ACTES SUD JUNIOR

1

FLEUR DE PRINTEMPS A RENDEZ-VOUS

Aujourd'hui, Fleur de Printemps est pressée. Après avoir quitté l'école, elle se dirige d'un pas rapide vers le nord de la ville. Deux fois par semaine, au lieu de rentrer directement à la maison, elle file retrouver son grand-père dans le parc du Temple de la Terre. Un rendez-vous qu'elle ne manquerait pour rien au monde. Lao Sheng a souvent une surprise pour elle : des amis à lui présenter, un jeu à découvrir ou, mieux encore, une nouvelle histoire à lui raconter.

En passant devant le temple des Lamas, elle constate qu'il est toujours très animé. Une foule de visiteurs s'y promène, au milieu des chants, des prières et de l'odeur enivrante des milliers de bâtonnets d'encens brûlés ici chaque jour. D'habitude, Fleur de Printemps s'arrête un instant pour profiter du spectacle. Mais là, elle n'a pas le temps ! Elle préfère poursuivre sa route. Sur le grand pont au-dessus de la rivière, elle ne s'attarde pas non plus pour regarder les bateaux. Elle est presque arrivée. Elle aperçoit déjà les hautes grilles qui marquent l'entrée du parc.

À chaque fois qu'elle les franchit, une même sensation magique s'empare de son cœur. L'impression de quitter un monde pour un autre, de se réfugier dans un endroit merveilleux où ni le tumulte de la ville ni la puanteur des automobiles n'ont le droit de pénétrer. Au sein du parc règnent le calme et la beauté de la nature. Jusqu'aux promeneurs qui semblent transformés. À l'extérieur, ils sont tendus et se disputent. Ici, ils sont tranquilles et s'amusent. D'ailleurs, Fleur de Printemps ralentit enfin le rythme de sa marche et se laisse à présent bercer par le chant des oiseaux.

Après avoir longé le chemin qui se glisse entre le temple et le bassin d'eau, elle parcourt encore une centaine de mètres et rejoint une petite place ronde où s'exercent des musiciens. Ils sont quatre qui interprètent un air traditionnel. L'un joue du violon à deux cordes, un autre de la flûte. Le troisième pince les cordes d'un luth chinois, tandis que le dernier fait tinter entre ses doigts de minuscules cymbales métalliques au son clair et joyeux. C'est Lao Sheng. Lui et ses amis sont très concentrés. Fleur de Printemps décide de s'asseoir sur un banc pour les écouter en attendant qu'ils aient fini.

Leur morceau terminé, Lao Sheng vient rejoindre sa petite-fille sur le banc.

– Eh bien, il me semble que tu es arrivée en avance ? À moins qu'il ne soit plus tard que je ne le pensais ?

– Non, grand-père. Tu as raison. Je me suis dépêchée tout le long du chemin. Ce soir, j'ai une rédaction à préparer et je crois que cela ne sera pas facile.

– Pourquoi n'es-tu pas allée directement à la maison pour la commencer ? Rien ne t'obligeait à faire ce long détour.

– Parce que je ne voulais pas rater notre rendez-vous. Il fait beau et je préfère profiter du parc au lieu de rester enfermée. Simplement, cela ne t'ennuie pas si l'on rentre plus tôt ? Je me mettrai au travail avant que nous passions à table.

– Hum ! Je suis heureux de te voir aussi décidée, mais je m'interroge sur ton empressement. Sur quoi porte ton devoir ?

– Je dois parler des animaux.

– Les animaux ? Cela reste vague. Sauvages ou domestiques ? Vivants ou disparus ? Poilus ? À plumes ? Volants ? Rampants ? Gros ? Petits ?

– C'est bien ça, le problème ! Il y en a tellement que je ne sais pas lesquels choisir. De toute façon, je n'y connais pas grand-chose. Je n'ai jamais vu d'animaux sauvages, sauf la fois où tu m'as emmenée au zoo.

– Autrement dit, tu te sens comme "le rat qui s'est enfoncé dans le tuyau du poêle".

– Comment ça ?

– Tu te retrouves dans le noir ! Pourtant, si tu veux bien y réfléchir, tu en sais déjà beaucoup. Il t'est arrivé de surprendre des rats, justement, qui filaient dans la rue à la recherche de leur pitance. Je t'ai vue passer des heures à contempler des colonies de fourmis, à jouer avec des papillons, à écouter le chant des oiseaux... Ce sont bien des animaux sauvages, non ?

– Oui, mais...

– Et cette visite au zoo, l'an dernier. Te souviens-tu d'avoir dessiné, dès le lendemain, de magnifiques paysages africains, avec les lions, les girafes et les antilopes ?

– C'est vrai, mais...

– Quant aux animaux légendaires, je suis persuadé que tu en sais davantage que la plupart de tes camarades, avec toutes les histoires que je t'ai racontées, peuplées de dragons, de phénix et de tigres...

– Ah, non ! Le tigre n'est pas un animal de légende. Il existe pour de bon.

– Ah, ah ! Tu vois bien que tu connais ton sujet ! Tu n'as par conséquent aucune raison de t'inquiéter.

– Mais si ! C'est que… je ne sais pas par quoi commencer. Je te l'ai dit, c'est très difficile !

Fleur de Printemps est réellement soucieuse. Elle s'agite sur son banc, énervée de ne pas trouver de solution.

– À propos d'animaux, après le rat, te voilà tel le singe qui a des piquants enfoncés dans les fesses : il ne peut plus rester assis tranquille !

– Ce n'est pas drôle, grand-père. J'aimerais mieux que tu m'aides, plutôt que de te moquer de moi.

– Hum ! Oui, tu as raison. Mais je ne suis pas sûr de pouvoir t'être très utile. Voyons, laisse-moi y penser une minute.

Fleur de Printemps observe le vieil homme pendant qu'il réfléchit. Les autres musiciens ont recommencé à jouer. Elle espère que cela permettra à son grand-père de bien se concentrer.

– J'ai peut-être une idée, dit soudain Lao Sheng. Puisque ton sujet te semble trop vaste, pourquoi n'essaierais-tu pas de te limiter aux seuls animaux que l'on trouve en Chine ?

– En Chine ? Il ne doit pas y en avoir beaucoup.

– N'est-ce pas ce que tu voulais ? Mais à mon avis, il y en a plus que tu ne crois. Pense à nos légendes.

– Ah oui ! Tu parles d'animaux comme les dragons ou les licornes ?

– Pas seulement. Faisons un jeu. Je te pose des questions et tu essaies d'y répondre.

– D'accord.

– En Chine, le dragon est lié à l'empereur. Mais quel est l'animal qui est associé à l'impératrice ?

– Je sais : le phénix !

– Excellent. Maintenant, quels sont les trois animaux qui, une fois réunis, évoquent la puissance royale ?

– Heu... Ce sont des animaux connus ?

– Oui.

– Qui n'existent que dans les légendes ?

– Non.

– Ils sont gros ?

– Je vais te donner un indice. Rappelle-toi l'histoire de Li, le jeune archer* ...

– Ah oui, je m'en souviens : il y a l'ours, le tigre et... et l'aigle !

– Bravo ! Jusqu'ici tu as tout bon. Maintenant, dis-moi quel animal est l'emblème de notre pays ?

– Trop facile ! Le panda.

– Encore exact. Et sais-tu pourquoi il a été choisi ?

* Cf. *Li, le jeune archer du roi de Chine*, dans la même collection, Actes Sud Junior.

– Parce qu'il est super mignon ?

– Hum ! En apparence, seulement. N'oublie jamais qu'il reste un animal sauvage, qui peut se montrer féroce. Je ne pense donc pas que ce soit l'explication.

– Alors, parce qu'il est noir et blanc ?

– Non plus, mais c'est tout de même bien observé. La bonne réponse est toute simple : c'est parce que le panda géant ne se trouve qu'en Chine.

– Tu es sûr, grand-père ? Je croyais qu'il vivait aussi sur d'autres continents. Il n'y a pas longtemps, j'ai vu une émission qui montrait des pandas en France !

– Probablement dans un parc animalier. Il en existe plusieurs dans le monde à qui nous avons confié des pandas. Mais ce n'est qu'en Chine qu'on peut les observer à l'état sauvage ; dans des régions montagneuses, couvertes de forêts, au centre de notre pays.

– Et pourquoi on ne les trouve que là ?

– Je ne saurais te répondre avec précision. Cela remonte à très longtemps, lorsque les continents se sont formés. Mais c'est le cas de nombreuses autres espèces, comme le kangourou d'Australie, l'orang-outang d'Indonésie et de Malaisie, ou encore le dragon de Komodo. Nous, nous avons le panda.

– Je comprends. Cela aurait pu être une bonne idée pour mon travail. Mais je crois quand même que c'est fichu. Je ne vais pas avoir le temps de trouver des informations, et je n'en sais pas assez sur ces animaux pour faire une rédaction.

– Tu penses sans doute cela parce que tu ne connais pas la légende du jeune Chun.

– Chun ? Qui est-ce ?

– Qui était-ce, devrais-tu dire. Il a vécu il y a très longtemps. Et, sans lui, il est probable que ni toi ni moi ne connaîtrions les pandas !

– Vraiment ?

– Vraiment. Allez, profitons d'être assis là, bien tranquilles, pour que je te raconte son histoire et que tu en apprennes davantage sur ces animaux.

2

AU TEMPS DES PREMIERS PANDAS

À l'ombre des grands arbres du parc du Temple de la Terre, Fleur de Printemps écoute avec attention son grand-père lui parler des pandas. Assis tout près d'eux, ses trois amis interprètent une jolie musique qui accompagne en douceur l'exposé du vieil homme. L'enfant n'a plus qu'à se laisser bercer par la voix de Lao Sheng. Une voix qui la transporte à travers le temps et l'espace, jusqu'à la très ancienne époque de l'empire du Milieu.

– Les hautes montagnes qui dessinaient le centre de la Chine, à cette époque, n'étaient pas habitées, car trop difficiles d'accès. Le climat y était dur, froid et hostile. Peu d'hommes auraient eu envie de s'y installer. C'était bien entendu une chance pour la faune. Les forêts qui s'étendaient à l'infini étaient peuplées de panthères, de loups, parfois même de singes et de tigres… Au cœur des forêts les plus hautes vivaient d'étranges animaux. Ils ressemblaient à de gros ours, couverts d'un pelage épais et chaud qui leur permettait de résister aux hivers glacés. Mais ce n'étaient pas vraiment des ours. D'ailleurs, chacune de leurs pattes était dotée de six doigts au lieu de cinq ! Ce doigt supplémentaire fonctionnait un peu comme le pouce des humains ou celui des singes. La nature leur avait fait un bien beau cadeau : grâce à ce pouce, il leur était beaucoup plus facile d'attraper les tiges de bambou dont ils se nourrissaient en énorme quantité.

– Tu veux dire que c'étaient des ours qui ne mangeaient pas de viande ?

– En tout cas, ils en consommaient fort peu. De rares chasseurs qui s'aventuraient parfois dans la région affirmaient les avoir aperçus en train de dévorer les restes de bêtes mortes de vieillesse ou des charognes abandonnées par d'autres prédateurs. En fait, à l'origine, ces animaux étaient carnivores. Il leur arrivait encore de se régaler avec de gros insectes ou même des œufs qui leur tombaient sous la patte.

– En guise de petit déjeuner ?

– Ah, ah ! Oui, d'une certaine façon. Mais la quasi-totalité de leur alimentation consistait en fruits et en végétaux, principalement des bambous. Par chance, plusieurs régions étaient couvertes de ces arbres ! Nulle part ailleurs on n'en trouvait autant. De belles et denses forêts, faites de milliers de troncs vert et jaune, longs et solides, pressés de relier la terre au ciel.

– Eh bien, ils devaient avoir des dents drôlement dures pour réussir à mâcher du bambou !

– Ça, tu peux le dire. Et un bon estomac aussi. Des atouts indispensables pour pouvoir en avaler plus de vingt kilos par jour !

– Vingt kilos ? Mais… ils passaient leur temps à manger ?

– En effet. Tout le contraire de toi, qui n'aimes jamais t'attarder à table. Et pourtant, tes repas sont bien plus appétissants et variés que les leurs. Du bambou, toujours du bambou et encore du bambou ! Malgré cela, les pandas s'en délectaient pendant au moins quinze heures par jour, tous les jours !

– Beurk ! Ça me couperait l'appétit !

– Sans aucun doute. Mais je ne suis pas certain que tu aimerais davantage consommer la même chose que les vaches, les tigres ou… les puces !?

– Aaaaah, c'est dégoûtant.

– Hum ! Nos anciens avaient coutume de dire que les grandes pensées viennent du cœur. Je vois que chez toi, elles viennent également de l'estomac ! Quoi qu'il en soit, très peu d'animaux partageaient le goût de ces gros ours pour le bambou. Cela aussi était une chance : ils n'avaient pas à craindre de concurrence, ni donc à se battre pour leur nourriture.

– Autrement dit, toute la forêt leur appartenait ?

– Oui. Plus ou moins. Il leur suffisait de se pencher ou, plutôt, de grimper à un arbre, et leur repas était servi. Il arrivait qu'un léopard affamé s'aventure sur leur territoire, mais il y regardait toujours à deux fois avant de s'attaquer à des pandas. Ces derniers avaient beau ressembler à de gros balourds, leur force et même leur agilité faisaient d'eux des combattants redoutables. Sans compter que leurs pattes étaient munies de grandes griffes très acérées.

– Et cinq doigts plus un pouce, fois quatre pattes, cela fait… vingt-quatre griffes pour se défendre !

– Hum ! Je vois que les mathématiques n'ont plus de secret pour toi, félicitations.

– Je trouve que ces gros gourmands avaient beaucoup de chance, en comparaison de la plupart des animaux ! Plein de nourriture et personne pour la leur voler ni s'attaquer à eux…

– En effet. Mais souviens-toi de ce que je t'ai dit un jour : il arrive qu'un malheur soit la source d'un grand bonheur. Hélas ! L'inverse est aussi vrai. En ce qui concerne nos pandas, la menace guettait, sous la forme d'un redoutable ennemi !

– Un ennemi ? Lequel ?

– Tu ne devines pas ?

Fleur de Printemps regarde Lao Sheng sans répondre. N'avait-il pas dit que ces gros ours ne craignaient rien, à l'abri dans leurs hautes forêts ? Habituée aux paroles mystérieuses de son grand-père, elle sait qu'il vaut mieux le laisser s'expliquer. Et, en effet…

– Je pense que le mieux, pour t'aider à comprendre, est que je te présente notre ami Chun.

3

LA FORÊT DE BAMBOUS

Chun, alors qu'il entrait dans sa onzième année, vivait dans un modeste chalet bâti sur le flanc d'une montagne plantée de bambous, loin de toute autre habitation. Ses parents étaient venus s'installer là peu après sa naissance. Son père, M. Wei, avait appris au fil du temps à bien connaître la forêt. Elle constituait leur unique source de revenus et avait donc beaucoup d'importance à ses yeux.

Chun avait neuf ans la première fois qu'il l'avait suivi dans les bois. M. Wei lui avait recommandé de ne pas le quitter des yeux. Sans son aide, le jeune garçon n'aurait jamais pu s'échapper du terrible labyrinthe que formaient les arbres. Leur exploration s'était déroulée sans incident et, au fil des mois, Chun en vint à passer toutes ses journées hors du chalet.

M. Wei espérait transmettre à son fils tout son savoir : comment se déplacer en silence pour éviter les fauves qui erraient alentour ; prendre ses repères, selon la forme de certains bouquets d'arbres et la position du soleil ; choisir les meilleurs bambous à récolter ; ou encore, être attentif aux bruits de la nature… Avec l'habitude et en prêtant bien l'oreille, Chun comprit vite, en effet, qu'une forêt n'est jamais tout à fait silencieuse. Quand ce n'était pas le chant des oiseaux, il y avait la musique du vent dans les arbres et le bruissement des feuilles qui s'accrochaient pour ne pas tomber. M. Wei disait que les bambous aimaient se laisser caresser par le vent et que la rengaine qu'ils fredonnaient s'adressait directement à l'âme des hommes.

Pour autant, il ne s'agissait pas d'aller se promener, mais bel et bien de travailler ! Chun s'était vu confier un lot de cordes qu'il devait porter autour du cou durant les trajets. Elles servaient à attacher les tiges de bambou qu'ils rapportaient. Au retour, et malgré son jeune âge, le garçon charriait sa part du précieux bois, tout en marchant à une vitesse soutenue pour ne pas se laisser distancer.

En dépit de ces difficultés, chaque expédition était une occasion pour lui d'en apprendre davantage sur les secrets de la forêt et, surtout, des bambous. Car si son père avait choisi de s'installer dans une région réputée aussi hostile, c'est qu'il savait avoir mis la main sur un véritable pactole !

Les provinces environnantes, et même le pays tout entier, étaient devenus de gros consommateurs de ce bois aux qualités multiples. On ne comptait plus le nombre d'objets du quotidien fabriqués à partir de celui-ci. Ustensiles de cuisine, bols, assiettes, paniers de cuisson, mobilier, outils de jardinage... avec le bambou, on construisait des maisons, des pirogues, des mâts pour les jonques, des timons pour les charrettes. Les artisans créaient de beaux éventails et de jolies ombrelles. Les fêtes du Nouvel An pétaradaient grâce aux tubes de bambou emplis de poudre noire. Sans oublier les artistes et leurs instruments de musique, ni les calligraphes qui ne pouvaient plus s'en passer puisque le bambou servait à confectionner leurs brosses et leurs pinceaux, ainsi que les rouleaux, les tablettes ou même les feuilles sur lesquels ils écrivaient. L'invention récente du papier n'y avait rien changé, au contraire : le bambou servait à en faire la pâte. Jusqu'aux chasseurs et aux militaires qui fabriquaient leurs arcs et leurs flèches avec les tiges de cet arbre extraordinaire. Le bois, à la fois souple et résistant, poussant bien droit, était parfait pour cet usage. Il était même possible de le manger : tout le monde en Chine se régalait des délicieuses et croquantes pousses de bambou cuites à la vapeur !

Voilà pourquoi les Wei voyaient en ces arbres la plus grande richesse que le ciel pouvait leur offrir. Avec leur cabane plantée en haut de la montagne, ils disposaient de tout le bambou qu'ils voulaient. Pour leur usage propre autant que pour le vendre dans les villages en contrebas. Les dépenses de la famille restaient minimes tandis que les rentrées étaient de plus en plus importantes.

M. Wei avait réussi à se constituer un joli magot, gardé dans un lieu secret. Mais compte tenu du travail que cela nécessitait, il avait hâte que Chun connaisse la forêt aussi bien que lui, afin de l'aider à récolter davantage de bambou.

Fort heureusement, le jeune garçon mettait tout son cœur à l'ouvrage. Même si les journées étaient dures, il se disait qu'il avait beaucoup de chance de pouvoir ainsi se promener dans les bois, en compagnie de son père. Son moment préféré était celui de la pause déjeuner. L'heure venue, ils s'asseyaient à même le sol et avalaient la collation que Mme Wei avait préparée pour eux. Puis ils s'étendaient de tout leur long, le temps de digérer et de se reposer de leurs efforts. M. Wei s'endormait, mais Chun, jamais. Il plantait son regard en direction du ciel et observait comment les troncs des arbres s'y élançaient, tel un boisseau de flèches visant une cible lointaine. C'était une sensation extraordinaire, comme si son esprit quittait son corps et partait lui aussi à l'assaut des cieux. Il aurait aimé être un oiseau pour être capable, à son tour, de s'élever toujours plus haut. D'après son père, certains bambous grandissaient de plusieurs dizaines de centimètres par jour ! Au point que, si l'on tendait bien l'oreille, il était possible de les entendre sortir de terre et pousser leur tronc vers le ciel.

Bref, pour la famille Wei, tout allait pour le mieux. L'argent rentrait à flots, ils ne manquaient de rien et l'avenir s'annonçait radieux. Et cela aurait sans doute pu être vrai encore longtemps si M. Wei n'avait fait une bien malheureuse rencontre. Un après-midi, au cœur de la forêt, alors que Chun et lui s'affairaient à ramasser des fagots de bambous, un terrible rugissement se fit entendre derrière eux. Ils se retournèrent et découvrirent un grand panda qui les fixait de ses yeux ourlés de noir. L'animal était impressionnant, et son allure menaçante.

– Cours, Chun ! Suis-moi, vite ! cria M. Wei.

Il avait appris à son fils qu'il ne fallait surtout pas chercher à se réfugier dans un arbre, car le panda se montrerait toujours bien meilleur grimpeur qu'eux. Il n'y avait qu'une chose à faire face à pareil danger : s'enfuir à toute vitesse en espérant quitter le territoire de l'animal avant que celui-ci ne les ait rattrapés !

Fleur de Printemps regarde son grand-père, l'air étonné :

– Les pandas savent peut-être grimper aux arbres, mais ils ne courent pas ! Ils sont trop gros pour cela.

– C’est vrai qu’ils sont gros. Certains pèsent plus de cent vingt kilos. Ce n’est pas pour rien qu’on les appelle des géants. Ils mesurent jusqu’à un mètre quatre-vingts et sont assez forts pour courir à près de vingt-cinq kilomètres à l’heure sur de courtes distances. C’est bien suffisant pour rattraper nos deux amis s’ils ne se sauvent pas assez vite !

– Bon sang ! Moi qui croyais qu’ils dormaient et mangeaient tout le temps. Je les imaginais aussi très paisibles. Pourquoi celui-ci s’en est-il pris à Chun et à son père ?

– Même les arbres doivent préférer le calme et la tranquillité, et cela n’empêche pourtant pas le vent de souffler.

– Que… qu’est-ce que tu veux dire ?

– Je t’ai dit que ces gros ours sont solitaires et qu’ils protègent leur territoire. J’imagine que ce panda n’a pas trop apprécié de voir deux humains débarquer chez lui et voler sa nourriture. Ton ours paisible est avant tout un animal sauvage.

– Oui, mais Chun a forcément réussi à lui échapper !

– Ah bon ? Et qu'est-ce qui te fait penser cela ?

– Eh bien, sinon... il n'y aurait plus d'histoire !

– Ah, ah, ah !

Lao Sheng ne peut s'empêcher de rire, amusé par l'esprit malicieux de sa petite-fille.

– J'ai compris : je n'ai plus qu'à te raconter la suite.

4

LA COLÈRE DE M. WEI

Abandonnant leurs cordes et leur stock de bambous, Chun et son père prirent leurs jambes à leur cou, pressés de mettre le plus de distance possible entre eux et le panda qui s'apprêtait à les écharper. À toute vitesse, ils se faufilèrent entre les arbres, droit devant eux, essayant simplement de ne pas se perdre de vue. M. Wei avait de plus grandes jambes, mais il était aussi plus vieux, ce qui permit à Chun de ne pas se laisser distancer. À chaque foulée, le jeune garçon s'attendait à ce que d'énormes pattes s'abattent d'un coup sur ses épaules et le plaquent au sol. Oreilles grandes ouvertes, il guettait le moindre bruit, n'osant pas se retourner. Il avait bien trop peur de découvrir la bête féroce juste derrière lui.

Après plusieurs centaines de mètres à ce rythme effréné, M. Wei ralentit enfin et se retourna. Le panda ne les avait poursuivis que sur une courte distance puis avait abandonné. Il n'avait pas eu envie de trop se fatiguer. Chun, lui, ne s'arrêta de courir qu'une fois dans les bras de son père. Jamais il n'avait ressenti une telle frayeur. Ensemble, ils se laissèrent tomber sur un tapis de feuilles, le temps de reprendre leur souffle. Lorsque M. Wei eut retrouvé une respiration plus régulière, son visage était marqué d'une profonde colère :

– Cette fois, c'en est assez ! À cause de ces sales animaux, la forêt est devenue trop dangereuse. Mais il n'est pas question qu'ils nous empêchent de récolter notre précieux bambou ! Que croient-ils ? Que la forêt leur appartient ?

– Mais père, répondit Chun, ils étaient là avant nous !

– Et alors ? Ils n'ont qu'à se déplacer plus au nord ou vers l'ouest. Ce ne sont pas les montagnes qui manquent.

Le garçon hésitait à contredire son père, surtout après de pareilles émotions. Seulement, il ne comprenait pas sa réaction :

– Il me semble que cela n'est pas si grave. Cela fait des années que nous nous aventurons dans la forêt et que nous apercevons des pandas, et c'est la première fois que l'un d'eux nous attaque. Ils ne sont pas si dangereux. Il reste plein d'endroits où nous pouvons couper des bambous sans risquer de les déranger.

– Allons, tu ne sais pas ce que tu dis ! Aurais-tu déjà oublié ce que je t'ai appris à propos de nos arbres ? Ils poussent certes très vite, mais ils meurent aussitôt après avoir fleuri. Il faut ensuite attendre une dizaine d'années avant de les voir renaître et atteindre une taille suffisante. Avec ce que nous avons déjà coupé et toutes ces parcelles où les arbres attendent de repousser, nous sommes bien forcés de chercher de nouveaux endroits. Je n'ai pas l'intention de laisser ces vilains ours nous en empêcher.

– Je ne suis pas d'accord. Ils ne sont pas vilains. Au contraire, je les trouve magnifiques. Ils sont si mignons et si tranquilles lorsqu'ils grignotent leurs tiges de bambou !

– Mon pauvre fils, tu es décidément inconscient ! Tu ne tiendrais sans doute pas le même discours si celui que nous venons de croiser t'avait rattrapé !

– Et que comptes-tu faire ? Ils ne changeront pas de territoire juste pour te faire plaisir.

– Ne t'inquiète pas. J'ai ma petite idée là-dessus. Cela fait un moment qu'elle me trotte dans la tête. Mais viens, ne nous attardons pas davantage.

En présence de sa femme, la colère de M. Wei ne fit que redoubler. Depuis toutes ces années, c'était la première fois qu'il rentrait chez lui bredouille. Il ne cessait de pester contre les pandas, les accusant de tous les maux, et en particulier de vouloir le ruiner. Le soir, il refusa de manger, continuant de ruminer sa vengeance.

De bonne heure, le lendemain matin, Chun se leva, fit une rapide toilette et avala un bol de nouilles et de légumes sautés que sa mère lui avait préparé.

Lorsque les premières lueurs du jour apparurent, il était prêt, de nouvelles cordes passées sur ses épaules, n'attendant plus que son père.

Lorsque celui-ci apparut, Chun resta bouche bée. M. Wei arborait ses plus beaux habits, ceux qu'il ne portait que lors des grandes occasions.

– Mon fils, aujourd'hui j'ai à faire. Tu iras seul dans la forêt. Compte tenu de ce qui s'est passé hier, je te demande de ne pas trop t'éloigner. Reste près des premiers bosquets et rapporte ce que tu pourras. Il est inutile de prendre des risques.

– Mais... où vas-tu ?

– Je descends à la ville. J'ai des affaires à traiter. Ne t'inquiète pas, je serai de retour dans trois jours. D'ici là, je compte sur toi pour veiller sur ta mère.

– Ah ? D'accord. Je...

– Allez, fais ce que je t'ai dit. Je vais très vite tout arranger.

Le garçon n'eut pas le temps d'ajouter un mot. La porte du chalet se refermait derrière son père. Chun resta un moment figé, fixant la porte du regard, comme s'il espérait qu'elle allait s'ouvrir de nouveau et que son père aurait changé d'idée. Mais celle-ci resta close.

Il ne comprenait plus rien. Il y avait d'abord eu cette colère contre les pandas, très exagérée selon lui. Et maintenant ce départ précipité. Qu'allait faire son père à la ville, en si belle tenue ? Pourquoi cette très longue marche, au lieu de s'arrêter aux premiers villages comme d'habitude ? Le plus énervant pour Chun, c'était de devoir attendre trois jours avant d'avoir peut-être des réponses à ses questions.

Fleur de Printemps aussi est fébrile. Elle s'agite sur son banc. Son grand-père la regarde, amusé. Il est heureux de son éternelle curiosité. Soudain, la fillette repense à ce qu'il lui avait dit, à propos du singe qui avait des épines plantées dans les fesses. Elle s'immobilise aussitôt. Seuls ses yeux, devenus de jolies billes rondes, trahissent les pensées qui l'agitent :

– J'espère que M. Wei n'est plus en colère. Il n'y a pas de raison. Ne disais-tu pas que la forêt était immense ?

– Certes, mais lorsque l'on possède un pareil trésor, on n'aime pas le partager. Trop de biens nuisent à l'intelligence du sage.

– C'est à cause de tout l'argent qu'il a mis de côté ? Il a peur de le perdre ? C'est idiot !

– N'oublie pas qu'il est toujours plus agréable de devenir riche quand on est pauvre que l'inverse !

– Mais, qu'espère-t-il ? Que tous les pandas disparaissent pour lui laisser la forêt à lui seul ?

– Peut-être. Et dans ce cas, cela pourrait bien signifier la fin de ces géants. Mais veux-tu entendre la suite ?

– Oh oui, grand-père ! J'aimerais bien savoir ce que mijote M. Wei.

Comme si les musiciens avaient eux aussi attendu que Lao Sheng se décide, ils lancent les premières notes d'un nouvel air au moment précis où leur ami reprend son récit.

5

D'ÉTRANGES VISITEURS

Le troisième jour, Chun ne partit pas récolter du bambou dans la forêt. Il préféra rester au chalet pour y guetter l'arrivée de son père.

Quelle ne fut pas sa surprise de le voir apparaître, en contrebas, accompagné de quatre cavaliers ! M. Wei était monté sur une mule qui ne paraissait pas très pressée d'arriver. Devant la maison, il sauta à terre, imité par ses quatre compagnons. Chun observa que ceux-ci étaient lourdement armés : arcs et carquois emplis de flèches, couteaux et épées à leur ceinture. Que se passait-il ? Son père avait-il été attaqué en chemin, l'obligeant à prendre une escorte pour son retour ? Pour l'instant, celui-ci se massait le dos en faisant des grimaces :

– Bon sang, quel voyage ! Je sais maintenant pourquoi je préfère aller à pied. Cette satanée bête m'a brisé le dos. En plus, elle nous a ralentis, n'en faisant qu'à sa tête, à brouter par-ci et à regarder le paysage par-là... Quand je pense à l'argent que j'ai dû verser à son propriétaire ! Tiens, Chun, occupe-t'en. Attache-la derrière la maison. Elle pourra y manger toute l'herbe qu'elle voudra. Ensuite, rejoins-nous à l'intérieur, que je te présente nos amis.

Chun attrapa la longe que lui tendait son père et s'empressa d'aller mettre la mule à l'abri avant de revenir au pas de course dans le chalet. Mme Wei y servait déjà de quoi manger aux nouveaux venus qui s'étaient débarrassés de leur attirail. Pendant ce temps, M. Wei entreprenait de raconter sa visite dans la grande ville. Debout au milieu de la pièce, il gesticulait et parlait fort. D'évidence, son expédition ne l'avait pas beaucoup calmé :

– Je suis certain que si le seigneur de notre royaume avait accepté de m'entendre, j'aurais obtenu gain de cause. Mais je n'ai pu être reçu que par son chambellan. Un imbécile qui n'a rien compris à mon affaire.

Sa femme le regardait, l'air ébahi :

– Tu veux dire que… que tu t'es présenté à la cour du roi ?

– Eh bien, oui, pourquoi pas ? C'est un privilège que nous avons tous.

– Mais… personne ne nous connaît. Nous vivons dans la montagne et…

– … et notre famille a largement contribué à la richesse de cette région ! Crois-moi, je n'ai pas manqué de le rappeler au chambellan. C'est pour cela qu'il m'a écouté. Hélas, il n'a rien saisi de notre problème ou, plutôt, il n'a rien voulu faire pour nous aider.

– Nous aider en quoi ?

Mme Wei semblait abasourdie par les propos de son mari. Chun, qui n'en ratait pas une bribe, l'était tout autant. Et c'était maintenant au tour du maître des lieux de ne pas comprendre la question de sa femme :

– Mais… pour nous envoyer des soldats !

– Des soldats ? Tu es sérieux ?

– Bien sûr que je le suis ! Comment comptes-tu donc te débarrasser de ces satanés pandas ? Ce n'est pas mon métier, et encore moins celui de ton fils.

– Je ne comprends toujours pas.

– Vraiment ? Tu préférerais peut-être que je laisse ces monstres agir à leur guise ? Eux qui, lorsqu'ils ne mangent pas notre bambou, essaient de nous chasser de la forêt ? Que feront les commerces du royaume, s'il n'y a plus de bambou ? C'est un problème d'importance et c'est au roi de le résoudre. Mais il paraît que ses soldats sont plus utiles à protéger nos frontières. Il voit le mal à l'extérieur, alors que celui qui nous ronge est à l'intérieur.

– Et que t'a dit le chambellan ?

– Il m'a conseillé de recruter des chasseurs. C'est ce que j'ai fait. Ma femme, mon fils, je vous présente les quatre meilleurs chasseurs de tout le royaume. Nous devons leur réserver le meilleur accueil. Ils ont accepté d'interrompre le cours de leurs affaires pour mener cette expédition avec moi.

Mme Wei regardait tour à tour chacun des quatre visiteurs, espérant sans doute que l'un d'eux lui fournirait davantage d'explications. Mais les nouveaux venus restèrent silencieux, se contentant d'un signe de tête en sa direction. Si son mari ne les avait pas présentés, Mme Wei aurait juré avoir affaire à de terribles bandits. Leurs vêtements, leur mine patibulaire, leurs bras et leur visage couverts de cicatrices…

– Dès demain matin, nous irons dans la forêt. Je servirai de guide à nos amis. Et quand nous aurons trouvé les pandas, géants ou pas, ceux-ci pourraient bien regretter de ne pas déguerpir.

Cette fois, Chun ne put s'empêcher d'intervenir :

– Mais, papa, tu ne peux pas faire ça ! Tu ne vas quand même pas tuer les pandas ?

– Ah oui ? Et pourquoi pas ? Tu crois que celui que l'on a croisé l'autre jour aurait eu pitié de toi s'il t'avait rattrapé ? Et puis, ne t'inquiète pas. Quand ils auront compris, ils finiront par déménager plus loin dans la montagne. Avec leur fourrure, ils ne craignent pas le froid !

M. Wei partit d'un grand éclat de rire, repris en chœur par ses quatre invités, d'évidence ravis par cette partie de chasse qui s'annonçait prometteuse.

6

LES CHASSEURS ENTRENT EN SCÈNE

Dès le lendemain à l'aube, Chun assista au départ de la petite troupe dirigée par M. Wei. Il avait refusé de les accompagner et son père n'avait pas insisté pour qu'il change d'avis. Après tout, cette expédition dans la forêt était très différente des précédentes.

Alors que M. Wei paraissait tout excité par cette aventure, c'était au tour de Chun d'être en colère. Les adultes croient qu'ils ont toujours raison. Mais, dans le cas présent, il sentait au plus profond de lui que son père serait responsable d'une terrible erreur. Pire : d'une injustice ! À ses yeux, les pandas étaient innocents et avaient le droit de manger tout le bambou qu'ils voulaient. Il en resterait toujours bien assez. Les chasseurs allaient commettre un crime, et il ne voulait pas en être le témoin. En fait, Chun aurait voulu les en empêcher, mais il ne savait comment.

Il ramassait des baies près du chalet lorsque les cavaliers rentrèrent. Curieusement, ils marchaient à côté de leur monture. Chun dut attendre qu'ils soient plus proches pour en comprendre la raison : deux des chevaux portaient en travers de leur dos des cadavres de pandas ! Des prises qui rendaient M. Wei et les chasseurs particulièrement fiers :

– Regarde, mon fils ! Nous en avons abattu deux ! J'espérais que l'on en attraperait davantage, mais c'était la première journée. Demain, nous ferons mieux !

Chun ne répondit pas. Lorsqu'il vit les deux pandas morts que les hommes étalèrent sur le sol, il se mit à pleurer et courut se réfugier chez lui. Il put tout de même entendre son père dire aux autres :

– Ne vous en faites pas, c'est un garçon sensible. Il est jeune, ça lui passera. De toute façon, je préfère qu'il ne nous voie pas les dépecer. Il n'aimera pas cela. Nous voilà en tout cas avec de bonnes réserves de viande ! Quant aux fourrures, comme promis, je vous les laisse. Un cadeau de Wei pour votre bon travail !

Le rire de son père et des quatre chasseurs obligea Chun à couvrir ses oreilles de ses mains. Il ne voulait pas en entendre davantage. C'étaient eux, les monstres, pas les pandas !

Le soir, il refusa de manger en leur compagnie. Il y avait de la viande de panda au menu ! “De quoi reprendre des forces”, avait dit son père en rigolant. Celui-ci n’était plus du tout en colère. Au contraire : il était heureux de constater que son idée était la bonne et que, bientôt, il pourrait reprendre ses récoltes de bambou en toute tranquillité.

Pourtant, les choses ne se déroulèrent pas exactement comme il l’espérait.

Dès le lendemain, les cinq hommes repartirent à la chasse. Lorsqu’ils revinrent au chalet, un seul panda gisait sur le dos d’une des montures. Cette fois, M. Wei ne fanfaronnait plus. Lui et ses acolytes paraissaient épuisés. La traque des géants à travers les bois était tout sauf un jeu d’enfants. Ces animaux avaient l’art de se dissimuler. Au point que les chasseurs se demandaient s’ils n’avaient pas flairé le danger et ne se cachaient pas à leur approche. En outre, il était très difficile de se déplacer à cheval dans des forêts aussi denses. Tout ce chemin à parcourir, avec leur harnachement et leurs montures à tirer… l'exercice n'était pas de tout repos.

Les jours qui suivirent furent pires encore. Pas une seule prise ! Il fallut une semaine de plus pour qu'un quatrième panda s'affiche enfin à leur tableau de chasse. Si Chun était ravi de ces maigres résultats, son père, en revanche, était redevenu sinistre. Il commençait sérieusement à douter de l'efficacité de son plan. Les chasseurs lui coûtaient une petite fortune. En salaire, mais aussi en nourriture et en boisson. Habitués qu'ils étaient à ripailler, ils n'étaient jamais satisfaits et exigeaient toujours plus. D'ailleurs, eux aussi affichaient leur déception. Tant d'expéditions dans la forêt pour de si piètres résultats !

Ils étaient fatigués et s'ennuyaient. M. Wei tenta de les réconforter en évoquant les prises à venir et en leur rappelant qu'ils pourraient revendre les fourrures un bon prix. Mais ils ne l'entendirent pas de cette oreille. Selon eux, la fourrure des pandas ne valait pas celle des tigres ou des léopards. Elle était moins décorative et trop épaisse pour en faire des vêtements. Les clients des villes, au pied des montagnes, ne seraient pas intéressés, le climat y étant beaucoup trop chaud.

M. Wei réussit néanmoins à les persuader de poursuivre la chasse. Hélas, quelques jours plus tard, un panda géant pris au piège réagit avec violence. Il se jeta sur la troupe, toutes griffes dehors. Un des chasseurs fut grièvement blessé, ainsi que sa monture, et un cheval s'enfuit pour ne plus jamais revenir.

Selon les chasseurs, le bilan était trop lourd. Ils décidèrent d'abandonner et de raccompagner leur camarade à la ville pour qu'il y fasse soigner ses blessures. Wei fit tout son possible pour les en dissuader, mais en vain. Il menaça même de ne pas payer la totalité de leur salaire. Il se ravisa toutefois quand il vit l'un des chasseurs sortir son épée du fourreau. Il fut même contraint de débourser davantage ; pour les deux chevaux, celui qu'il avait fallu abattre pour ne pas le laisser souffrir, et celui qui avait disparu.

Lorsque, au petit matin, les chasseurs s'en allèrent, ils emportèrent aussi la mule que Wei avait pourtant achetée un bon prix. Elle transportait les fourrures que celui-ci leur avait promises.

Le pauvre homme était au comble du désespoir. Son plan, qu'il croyait si génial, s'avérait une faillite complète. Il avait dépensé toutes ses économies, vidé son garde-manger et, plus grave encore, n'avait plus la moindre réserve de bambous à livrer afin de regagner un peu d'argent. Jusque son fils qui refusait désormais de l'accompagner dans la forêt ou même de lui parler. Lorsque M. Wei s'était fâché, pour la première fois Chun n'avait pas obéi. Le garçon ne voyait qu'une chose : son père était responsable de la mort de quatre habitants de la forêt !

7

UNE RENCONTRE INATTENDUE

La famille Wei n'était hélas pas au bout de ses malheurs. Le père, très orgueilleux, ne supportait pas d'avoir échoué dans son projet. Il n'osait plus croiser le regard de sa femme ou de son fils, ni même contempler le sien dans un miroir. Cela n'était pas facile, à vrai dire, d'accepter l'idée d'être encore plus pauvre qu'à leur arrivée sur cette montagne, après tant d'années d'efforts et de sacrifices.

Sa peine était terrible et finit par le ronger, au point qu'il tomba malade, incapable de quitter son lit. La situation était grave : sans personne pour récolter le bambou, comment les Wei pourraient-ils survivre ? Pas de réserves ni d'économies, aucun ami ou voisin pour leur venir en aide…

Chun oublia alors sa rancœur et décida de repartir dans la forêt. Seul, armé de la longue machette de son père, les lourdes cordes passées autour de ses épaules, il s'aventura trois jours d'affilée dans les bois, sans jamais ménager sa peine. Mais il n'avait ni la force ni l'expérience de M. Wei. Le troisième soir, lorsque, épuisé, il rentra au chalet déposer sa récolte, il prit conscience qu'à ce rythme-là, ils seraient tous morts de faim avant longtemps.

De son côté, Mme Wei s'inquiétait de l'état de santé de son mari. Il avait de la fièvre et délirait jour et nuit. Ses propos étaient incompréhensibles. Il y était en tout cas beaucoup question de pandas géants.

Elle demanda à Chun de descendre au village, afin d'y chercher le médecin.

Le garçon partit à l'aube du jour suivant. La pente était raide. Chun la dévala pourtant à vive allure. Après deux bonnes heures à risquer de se rompre le cou, il aperçut enfin les premières maisons du village. Depuis sa naissance, il n'y était descendu qu'à cinq ou six occasions, et à peu près autant dans un village voisin. Mais c'était la première fois qu'il y allait seul. Sa mère lui avait indiqué comment trouver la maison du médecin. Les villageois qu'il croisa le regardaient avec un air surpris et curieux. À plusieurs reprises, il se sentit obligé de se présenter :

– Je m'appelle Chun. Je suis de la famille Wei. Je vis dans le chalet en haut sur la montagne.

Aussitôt les gens lui souriaient, car ils connaissaient tous M. Wei, le courageux marchand de bambous. Certains lui répondirent chaleureusement et lui demandèrent des nouvelles de son père.

– Il est malade. Je suis venu chercher le docteur.

Les villageois compatirent et ajoutèrent quelques paroles pour le réconforter et le féliciter de ses efforts. Mais Chun ne s'attarda pas. Il espérait par-dessus tout que le médecin serait chez lui. Par chance, il était bien là, comme en témoignait un petit groupe de patients qui attendaient pour se faire examiner. Les autres jours, c'était le docteur qui se déplaçait, de hameau en hameau et là où on le demandait. Quand ce fut le tour de Chun, l'homme lui demanda de quel mal il souffrait.

– Ce n'est pas moi mais mon père qui ne va pas bien. Il est dans notre chalet, plus haut dans la montagne.

– Tu es le fils de Wei ?

– Oui. Je m'appelle Wei Chun.

– Hum ! La seule fois où j'y suis monté, c'était pour ta naissance. À croire que vous avez une santé de fer ! Tant mieux, après tout. Mais je me fais vieux, et c'est à une sacrée grimpette que tu m'invites. Par chance, des étrangers sont passés l'autre jour. Sans doute des chasseurs. Ils se rendaient à la ville. Comme l'un d'eux était blessé, je l'ai soigné. En échange de mon travail et des médicaments que je leur ai donnés, ils m'ont laissé une belle et solide mule. Donne-moi le temps de la seller et de préparer mes affaires. Ensuite, nous partirons.

Chun se contenta d'acquiescer d'un signe de tête. Il ne fit aucune remarque à propos de la mule que les hommes avaient volée à son père. Le médecin qui l'observait ajouta :

– Mais tu dois avoir soif et même un peu faim. File à l'auberge et fais-toi servir ce qui te plaira en m'attendant. Je t'y retrouverai dans moins d'une heure.

L'homme donna quelques pièces au garçon qui le remercia chaleureusement et courut à l'endroit indiqué. Après avoir montré ses sous à l'aubergiste, il demanda ce qu'on pouvait lui servir pour cette somme, en plus d'un peu d'eau. Quelques instants plus tard, il se régalait de délicieux raviolis cuits à la vapeur et d'une soupe de champignons… aux pousses de bambou !

Soudain, un homme à l'allure distinguée s'approcha de lui. Il arborait un haut et élégant bonnet de soie noire, qui avait sans doute l'avantage de compenser sa petite taille. Il s'adressa à Chun :

– Bonjour, mon garçon. Serait-ce toi, le jeune Wei dont le père récolte du bambou en haut de la montagne ?

– Euh, oui monsieur.

Chun hésitait, ne comprenant pas ce que l'inconnu lui voulait.

– Ne crains rien. Je connais bien ton père. Lui et moi sommes en affaires depuis longtemps. Je m'appelle Wang Bao et je suis fabricant de papier. Je fournis la cour du roi ainsi que bon nombre de peintres et de calligraphes réputés. C'est à ton père que j'achète le bambou dont j'ai besoin. Mais cela fait des semaines que je n'ai plus de nouvelles, et mes stocks seront bientôt épuisés. Je suis venu dans ce village, où je le rencontre d'habitude, avec l'espoir qu'il y serait. On vient justement de m'informer qu'il était souffrant, mais que son fils, Wei Chun, était ici pour quérir le médecin. Est-ce exact ?

– Oui, c'est bien cela. Nous allons bientôt nous mettre en route.

– Je suis désolé pour ton papa. J'espère vraiment que ce n'est pas grave. Dis-moi, verrais-tu un inconvénient à ce que je vous accompagne ? Je pourrai ainsi prendre directement de ses nouvelles.

Chun, intrigué, observa l'homme quelques instants avant de répondre. Mais ce dernier avait l'air honnête et bien éduqué. Il ne ressemblait vraiment pas à un bandit de grand chemin.

– Comme vous voudrez, monsieur Wang. Seulement la montée est plutôt rude. D'ailleurs, le docteur prend sa mule pour venir. Peut-être pourrez-vous monter derrière lui ?

– Je te remercie, mon cher Chun, pour ta sollicitude. J'imagine que cette place t'était réservée et que tu te proposes de marcher à nos côtés pour me la laisser ? Mais tu n'auras pas à faire ce sacrifice. J'ai un très bon cheval, fort et fringant. J'aurai plaisir à le partager avec toi. D'évidence, nous ne sommes lourds ni l'un ni l'autre.

Le marchand partit à rire et Chun rit avec lui. Au même instant, le médecin entra dans l'auberge. Apercevant Chun, il lui fit signe :

– Alors mon garçon, es-tu prêt et rassasié ? Ah, monsieur Wang, je ne savais pas que vous étiez ici !

– Docteur, je viens de faire connaissance avec Chun, qui se trouve être un bien gentil garçon. Comme je souhaitais prendre des nouvelles de son père, il a accepté que je vous accompagne. J'espère que cela ne vous ennuie pas ?

– Nullement, Wang. Soyez le bienvenu. La montée sera longue, nous aurons ainsi tout le temps de bavarder. En revanche, il nous faut partir au plus vite. J'aimerais être revenu avant que la nuit tombe.

Nul ne discuta la demande du médecin. Wang alla chercher son cheval et prit, comme promis, le jeune Chun en croupe. Quelques minutes plus tard, le trio commença sa lente ascension vers le chalet des Wei.

8

LE SECRET DE WANG BAO

Bien que fatigante et par endroits périlleuse, la randonnée à flanc de montagne s'avéra plaisante pour les trois cavaliers. Au début, Chun ne parla presque pas. Il se contenta d'écouter les deux hommes qui eux, au contraire, ne cessaient de bavarder. Le docteur, surtout. Il se montrait très curieux de la vie en ville et des affaires qui s'y déroulaient. Que se passait-il dans le royaume, et y avait-il des risques de guerre avec le seigneur d'une autre province ? Lorsque Wang Bao fut à court de réponses, le médecin se mit à raconter sa propre histoire. Après ses études, il s'était installé dans le village qui l'avait vu naître. Mais il se demandait encore s'il avait fait le bon choix. Sa tâche était souvent ingrate et sans doute qu'à la ville, il aurait gagné plus d'argent.

Il faut croire qu'après une à deux heures d'ascension, le vieil homme était trop fatigué ou qu'il avait épuisé tous les sujets qui l'intéressaient, car il resta enfin silencieux. Chun en profita alors pour interroger Wang Bao. Son métier l'intriguait beaucoup.

– Monsieur Wang, est-ce difficile de fabriquer du papier avec des bambous ?

– Difficile ? Je ne sais pas. Mais cela demande beaucoup de travail, c'est certain. Et puis, il y a papier et papier. Moi-même, j'en fabrique de différentes qualités, du plus simple au plus raffiné.

– Mais, pourquoi ? Du moment que l'on peut écrire dessus ?

– Justement. Pour bien écrire, il faut un papier qui soit le plus lisse possible et sans tache. Son épaisseur est importante aussi, ainsi que sa solidité. Selon le bois que l'on utilise et que l'on va broyer, on n'obtiendra pas la même qualité de pâte. Ce sont les fibres du bois qui donnent sa solidité au papier, mais encore faut-il que celui-ci ne soit pas rugueux au toucher. Crois-moi, c'est tout un art !

– Je vous crois. Cela n'a pas l'air si facile, en effet.

– Si tu veux, et si tes parents sont d'accord, tu pourras venir visiter mes installations en ville. Tu comprendras mieux quand tu verras les grandes cuves où la pâte est diluée, et les tamis sertis de cadres de bois qui permettent de l'y puiser. Je te montrerai même un secret, si tu me promets de ne jamais le révéler.

– Un secret ? Je vous jure de n'en jamais rien dire !

Touché par l'enthousiasme et la curiosité du garçon, Wang se tourna de trois quarts sur sa selle. Il regarda Chun et lui dit, presque en sourdine :

– J'ai découvert comment obtenir un papier le plus blanc qui soit. Un papier si beau que, comme je te l'ai dit au village, les plus grands peintres et calligraphes veulent tous me le commander.

– Vraiment ?

– Oui. Au lieu de bambou, j'utilise un autre bois : le santal bleu. J'en tire un papier doté de qualités remarquables, en particulier sa parfaite blancheur. Ensuite, tout est question de dosage et d'un bon coup de main.

– Mais… alors ? Vous n'avez plus besoin de bambou ?

– Ah, ah si ! Rassure-toi ! Le santal bleu présente malgré tout quelques inconvénients. Il ne pousse pas par ici. Le faire venir me coûte une fortune. Et puis, j'ai encore quelques problèmes avec ses qualités d'absorption. Il boit l'encre trop vite et plusieurs artistes s'en sont plaints. J'ai réussi à améliorer ma technique pour que les fibres du santal et du bambou se marient bien. Mais cela nécessite un bambou très spécial : uniquement les jeunes pousses. Or, elles aussi sont rares et chères. Ton père le sait, puisque c'est lui qui me les procure. Il m'a dit qu'il est obligé d'aller toujours plus loin dans la forêt pour en trouver, et cela n'est pas sans danger.

Chun, à présent, comprenait mieux pourquoi son père tenait tant à découvrir de nouvelles parcelles, au risque de se confronter avec les pandas et de vouloir les faire déguerpir. Les jeunes pousses de bambou représentaient beaucoup d'argent ! Il décida de faire part des récents événements à Wang Bao, afin de voir comment celui-ci réagirait.

– Hum, je devine ta peine et je la comprends, répondit celui-ci. Je n'avais aucune idée du problème que les pandas posaient à ton père, et encore moins qu'il était prêt à les chasser. Tout ceci est très ennuyeux. Merci de t'être confié à moi, mon garçon. Je suis content de t'avoir accompagné. En étant sur place, et après avoir parlé à M. Wei, je me rendrai mieux compte de la situation.

Chun ne sut quoi répondre. Il restait perplexe. Avec beaucoup d'intelligence, Wang Bao l'avait écouté, mais ne s'était pas prononcé. Prendrait-il parti pour les pandas ou choisirait-il lui aussi de les exterminer ? Il semblait que de grosses sommes d'argent soient en jeu et Wang était un marchand... Mais le chalet était proche désormais. Chun préféra rester silencieux jusqu'à leur arrivée, résolu à ne rien manquer de ce qui se dirait entre son père et le fabricant de papier.

Fleur de Printemps gesticule à nouveau sur son banc et finit par interrompre Lao Sheng :

– Ils ne vont tout de même pas recommencer à tuer les pandas ? C'est idiot puisque le bambou dont ce M. Wang a besoin coûte cher. Il n'a qu'à utiliser davantage de bois de santal. Ainsi, les pandas auront la paix.

– Tu oublies que M. Wang était un vrai artisan. Il avait à cœur de faire le plus beau papier possible, et peut-être que rien ne devait l'arrêter dans son projet.

– Mais je suis sûre qu'il aurait pu utiliser d'autres arbres…

– Tu as raison. Il y avait par exemple le mûrier qui, comme tu le sais, servait déjà à la fabrication de la soie. Ses fibres étaient appréciées des papetiers, pour leur longueur et leur résistance. Certains ajoutaient aussi de vieux morceaux de tissu dans leur pâte ou des écorces d'arbres divers. Mais le bambou restait le bois préféré de tous.

– Pourquoi cela ?

– Probablement à cause des guêpes et d'un certain Cai Lun, serviteur à la cour du roi et qui a inventé le papier. On dit que c'est en observant des guêpes qu'il eut son idée géniale. Il avait remarqué que, pour construire les cloisons rigides de leur nid, elles commençaient par ramasser des fibres de bambou. Puis elles les mâchouillaient afin d'y mêler leur salive, jusqu'à former une pâte épaisse. Une fois modelée et séchée, celle-ci formait de parfaites alvéoles, solides et légères à la fois. Cai Lun décida de les imiter. Il ramassa des morceaux de bambou, les broya et les fit tremper dans de l'eau. Il fabriqua ensuite un tamis avec lequel il filtra la pâte qu'il avait obtenue. Il ne lui resta plus qu'à la faire sécher au soleil. Quand il fit part de sa découverte à la cour et montra les belles feuilles de papier qu'il avait obtenues, ce fut une véritable révolution. Finies les pierres ou les lamelles de bois à graver, vive le papier !

– Les calligraphes devaient lui en être reconnaissants ?

– Bien sûr, mais pas seulement eux. L'administration se mit à en consommer de plus en plus. Pour promulguer de nouveaux décrets, archiver les textes de loi, imprimer des livres, de la monnaie…

– Ce Cai Lun devait être très riche ?

– Je ne sais pas. Mais célèbre, oui. Encore aujourd'hui, notre pays lui est reconnaissant. Car tu sais ce que l'on dit : “L'art que l'on transmet aux autres vaut mieux que mille pièces d'or.”

– Mais il ne vaut pas de tuer mille pandas !

– Hum, je vois que tu es restée sur ta faim. Alors, laisse-moi te raconter ce que notre ami le jeune Wei Chun a découvert, lui aussi !

9

DE NOUVEAU EN DANGER

En ressortant du chalet, accompagné de Chun, Wang Bao paraissait très préoccupé. L'état dans lequel il avait trouvé M. Wei l'inquiétait. Devant lui, le vieil homme avait jeté des regards affolés et avait été incapable de prononcer des paroles cohérentes. Le médecin était resté à son chevet pour tenter de comprendre quel mal le rongeait ainsi.

– Mon pauvre Chun, je suis désolé de voir que ton père souffre autant, dit le marchand. J'ai eu l'impression que ma présence le terrorisait. C'est pour cela que j'ai préféré sortir. Mais pour quelle raison aurait-il peur de moi ?

– Ce n'est pas certain qu'il vous ait reconnu, tant il est fiévreux. Et si tel était le cas, peut-être pensait-il que vous étiez en colère contre lui ? Il ne vous a pas livré de bois depuis des semaines.

– Comment pourrais-je lui en vouloir, dans son état ? Quoi qu'il en soit, je crains de m'être déplacé pour rien.

– Je suis désolé. Si cela vous fait plaisir, j'ai récolté des bambous durant les trois derniers jours. Il n'y en a pas beaucoup, mais je peux vous les donner. Nous les attacherons sur votre cheval.

– Tu es vraiment un gentil garçon, Chun. J'accepte de les prendre, à condition toutefois de te les payer. Avant cela, une idée me vient : puisque je suis monté jusqu'ici, pourquoi ne pas jeter un coup d'œil à cette forêt ? Seul, je ne pourrais m'y aventurer, mais si tu acceptes de me guider…

– Un coup d'œil ? Je ne crois pas qu'il y ait grand-chose à voir. C'est une forêt de bambous, voilà tout.

– Oui. Pourtant, rappelle-toi : il y a bambou et bambou, comme il y a papier et papier. Je sais exactement quel type de pousses il me faut. Si tu me montrais différents endroits, je pourrais t'indiquer celles qui ont ma préférence. Tu y gagnerais en efficacité et ce que tu m'apporteras au village, je te le paierai un très bon prix. Ce sera notre accord secret, le temps que ton père soit rétabli.

Wang Bao fit un clin d'œil à Chun qui le regardait, un peu sur la défensive. Le garçon se demandait si le marchand n'avait pas une idée derrière la tête. Celui-ci était intelligent et il devait avoir bien pris la mesure de la situation. Comment pouvait-il espérer que Chun, à lui seul, récolte suffisamment de bambou pour le satisfaire ? Il lui posa la question et Wang répondit sans hésiter :

– Même le meilleur des chevaux peut chuter. Faut-il l'abattre pour autant ? Si je me procure mon bois ailleurs, que deviendra ta famille ? M. Wei s'est toujours comporté honnêtement. Je ne vais pas l'abandonner au moment où il a le plus besoin d'aide. "La neige, si épaisse soit-elle, n'écrase jamais la montagne." Dès que ton père sera débarrassé de sa méchante fièvre, il reviendra travailler près de toi, aussi solide qu'un roc.

– Je le souhaite, mais…

– Oui ?

– Il reste les pandas.

– Ah oui, les pandas. Crois-tu que nous en verrons ?

– Il ne vaudrait mieux pas. Croiser leur route est dangereux. De toute façon, il est trop tard. Nous devrons attendre demain pour le savoir. Si vous acceptez de dormir chez nous.

– Ce sera pour moi un honneur. Je te remercie de ton invitation.

Avant de rentrer au village, le médecin s'était montré rassurant. Il avait promis à Mme Wei que son mari serait guéri sous peu si elle lui administrait la potion qu'il avait préparée. En se levant, le lendemain matin, Chun se faufila dans la chambre de son père. Il put constater en effet que, après cette première nuit, son père paraissait déjà plus apaisé. Heureux de cette bonne nouvelle, il sortit de la pièce et alla rejoindre Wang Bao qui l'attendait à côté.

– Tout va bien. Nous pouvons nous mettre en route, si vous voulez.

– Je suis prêt. Partons.

Chun n'avait pas souhaité s'encombrer du cheval du marchand, et celui-ci n'avait fait aucune difficulté pour aller à pied. Très vite, ils s'enfoncèrent dans les bois et Wang Bao fut fasciné par l'univers qu'il découvrit. Les rayons de soleil qui filtraient à travers les arbres se teintaient de vert et créaient une atmosphère irréelle, mystérieuse. Il lui sembla d'un coup n'être plus qu'un minuscule insecte se promenant au milieu d'une forêt de poils géants, telle une puce sur le dos d'un chien. Les troncs des bambous se courbaient en souplesse sous les caresses du vent, dans un étrange ballet au rythme apaisant. Le sol était couvert de feuilles et de nouvelles pousses, pressées de rejoindre leurs aînées. C'étaient celles auxquelles s'intéressait le plus Wang Bao. Chun le remarqua et dit :

– Selon mon père, elles peuvent croître d'un mètre par jour à leur naissance. Et il ne leur faudra pas plus de quarante-cinq jours pour s'élever à vingt mètres. Ensuite, le bambou ne grandit presque plus, mais son tronc se renforce et donne un bois solide.

– C'est fantastique ! répondit Wang, les yeux émerveillés. J'ai l'impression d'être dans une forêt magique. Quelle richesse ! Et quelle beauté ! Ces milliers d'arbres qui dansent et chantent ensemble ! Ils sont tellement… vivants !

– Oui. Mon père dit qu'à les voir ainsi, on pense qu'ils sont indépendants. Alors qu'ils sont un seul et même être dont les racines sont reliées les unes aux autres pour se nourrir mutuellement et échanger des informations.

– Un être indestructible.

– Presque. Il arrive que de fortes rafales cassent les troncs les plus solides, car ils sont gorgés d'eau. Il y a les pandas, qui en mangent de grandes quantités. Et maintenant les hommes, qui en font commerce.

– Malgré cela, la forêt résiste. Tu as toutefois raison. Nous devrons veiller à ce que…

Wang fut soudain interrompu par un puissant rugissement. À une trentaine de mètres devant eux, un panda géant venait d'apparaître. À l'instar de celui qui les avait fait fuir, lui et son père, quelques semaines plus tôt, il se montrait menaçant, prêt à foncer sur eux. Chun remarqua tout de suite le bout de bois planté dans son épaule. Très certainement le reste d'une flèche tirée par l'un des chasseurs. L'animal avait réussi à se débarrasser du plus grand fragment de la tige, mais une partie de celle-ci demeurait fichée dans sa chair. Le panda devait souffrir et savoir que les hommes étaient la cause de sa douleur. Le garçon comprit que si le fauve les attrapait, ils n'auraient aucune chance d'en réchapper.

Chun attrapa Wang par la manche et cria :

– Suivez-moi ! Il n'y a pas un instant à perdre. Nous devons être loin avant qu'il ait pris son élan. Restez bien derrière moi.

10

UNE SACRÉE CHUTE !

Wang Bao n'était plus très jeune mais suffisamment athlétique pour coller sa foulée dans celle de son guide. Ensemble, ils filèrent à l'opposé de la direction du panda. Le garçon savait que s'ils mettaient d'emblée le plus de distance possible entre eux et l'animal, celui-ci renoncerait certainement à les poursuivre.

Ils coururent plus de vingt minutes sans s'arrêter, jusqu'à ce que Chun entende un cri derrière lui :

– Aaaaaaaah !

Il se retourna et découvrit le pauvre marchand étalé par terre, les quatre fers en l'air. Il se précipita à son secours.

– Monsieur Wang ! Vous allez bien ? Que s'est-il passé ?

Déjà l'homme se rasseyait et époussetait ses vêtements :

– Il s'est passé que… que j'ai glissé et que je suis tombé !

Puis, se rappelant soudain la raison pour laquelle il fuyait, Wang regarda derrière lui, inquiet de voir le fauve surgir et se jeter sur eux. N'apercevant aucun danger à l'horizon, il souffla, enfin rassuré.

– Eh bien, cela faisait longtemps que je n'avais pas couru comme ça ! Je manque visiblement d'entraînement.

Chun l'aida à se remettre debout. Il fut soulagé de constater que le marchand avait toujours l'usage de ses membres. Wang Bao se massait tout de même le dos. Il revint alors sur ses pas, le buste penché vers le sol.

– Vous avez perdu quelque chose ? s'inquiéta l'enfant.

– À part ma dignité, non, je ne pense pas. En revanche, je cherche ce qui a bien pu me faire tomber de cette façon. Je suis parti dans une telle glissade…

Une seconde plus tard, il se figeait en pointant son doigt dans la direction de ses pieds :

– Là ! Voilà sur quoi j'ai marché !

Chun le rejoignit. Il se baissa pour regarder de plus près ce qui avait causé la chute de Wang. Quand il se redressa, il affichait un sourire gêné.

– Hum ! Je comprends pourquoi vous avez dérapé. Il s'agit de… enfin… c'est…

– Bon sang ! Qu'est-ce qu'il y a ? Explique-toi ! Avais-tu déjà vu quelque chose comme ça auparavant ?

– Oh oui, bien sûr ! Dans certains coins de la forêt, on en trouve beaucoup. Partout où vivent les pandas.

– Les pandas ?

– Eh bien… c'est comme cela qu'ils marquent leur territoire.

– Quoi ? Tu veux dire que… c'est une… UNE CROTTE DE PANDA !?

– C'est exact, monsieur Wang. Je suis désolé !

– Et moi donc ! Me voilà encore plus ridicule. Je vais sentir bon, pour rentrer au chalet. Il faudra d'abord que je me nettoie.

– Oh non, ne vous inquiétez pas ! Elles ne sentent rien et ce n'est pas sale. Dès que cela aura séché, ça partira, comme de la poussière. Vous savez, il m'est arrivé très souvent de marcher dedans. Et mon père avant moi !

– Et de glisser en tombant dessus ?

– Si nous avions couru, c'est certain. Comme les pandas mangent tout le temps, ils font également beaucoup de crottes. Mais, regardez…

Chun se pencha. Sans hésiter, il ramassa un morceau de la grosse motte en partie aplatie par le marchand et le lui tendit :

– Vous voyez, ce ne sont que des fibres mâchées et mélangées avec de la salive, avant d'être broyées dans l'estomac de l'animal. Cela ne sent rien, juste un peu le foin mouillé.

Prudent, Wang se courba et renifla ce qui ressemblait en effet à un petit tas d'herbe écrasée. Il releva la tête en souriant :

– Tu as raison. Ça ne sent pas mauvais. On ne penserait vraiment pas qu'il s'agit… d'une crotte !

Rassuré et plus détendu, il se mit à rire de bon cœur, aussitôt imité par Chun. Quand ils eurent retrouvé leur calme, celui-ci expliqua :

– À la fin de l'été, nous en ramassons beaucoup, mon père et moi. Nous les emportons au chalet afin de les faire sécher, en prévision de l'hiver. C'est un excellent combustible.

– Vraiment ?

Wang Bao paraissait songeur. Il demeura un moment silencieux en se caressant le menton. Puis il dit :

– Verrais-tu un inconvénient à ce que nous rapportions ceci chez toi, pour que je l'examine ?

– Non, pas du tout.

– Bien, bien… Accepteras-tu aussi de me montrer des échantillons durcis, s'il t'en reste dans vos réserves ?

– Mais oui, je… À quoi pensez-vous ? Vous semblez avoir une idée.

– Peut-être, en effet. Mais il est trop tôt pour que je puisse t'en parler. Je préférerais d'abord rentrer.

Chun haussa les épaules :

– Comme vous voudrez. De toute façon, il ne fait pas bon traîner par ici. Notre “découverte” confirme que nous sommes sur le territoire d’un panda géant. Je crois que nous avons pris assez de risques pour aujourd’hui.

11

LE TRÉSOR DES PANDAS GÉANTS

Le soir même, Chun apprit ce qui intriguait tant Wang Bao. Après s'être remis de ses émotions, le marchand avait examiné avec soin les échantillons que le garçon lui avait apportés. Quand il eut fini, un large sourire barrait son visage :

– Mon cher enfant, je ne suis pas prêt d'oublier ma chute de tout à l'heure. Et je m'en souviendrai comme l'une des meilleures choses qui me soient jamais arrivées !

Chun regardait l'adulte avec un mélange d'amusement et de curiosité. Il était surtout ravi que celui-ci prenne l'incident aussi bien. Wang s'expliqua :

– Ces crottes de panda sont un véritable don du ciel. Regarde comme les fibres sont impeccablement broyées. Elles sont déjà presque réduites à l'état de pâte. Le mélange d'herbe, de bambous et de fruits est parfait pour la fabrication de mon papier. Je suis certain qu'en y ajoutant le bon dosage de fibres naturelles et de bois de santal, je pourrai enfin produire le matériau dont je rêvais : blanc, lisse et solide à la fois. Mes clients vont se l'arracher ! À compter de ce jour, apporte-m'en autant que tu le pourras. Je te les paierai le double du prix habituel. Et, en plus…

– Monsieur Wang, excusez-moi…

L'enfant avait interrompu le marchand au plus fort de son excitation. Celui-ci le regarda, surpris :

– Oui, Chun, qu'y a-t-il ?

– Je vous remercie pour votre proposition. Si vous préférez que nous récoltions des crottes de pandas, ce ne sera pas un problème. Mon père sera vite rétabli et il pourra m'aider. À nous deux, nous devrions pouvoir vous approvisionner et vous donner satisfaction. Surtout, il ne verra plus les pandas comme des concurrents, mais comme des alliés précieux.

– Ah, ah, ah ! Tu as raison. Je n'y avais même pas pensé. Désormais, ces animaux seront… vos associés !

– Voilà pourquoi je voudrais à mon tour vous demander un service. Vous vendez votre papier à la cour, aux lettrés et à l'administration, n'est-ce pas ?

– C'est exact.

– Alors, faites savoir comme les pandas nous sont précieux, afin que plus personne ne vienne les chasser. Ils sont chez eux, dans la forêt, et nous ne sommes que des visiteurs de passage. Faites qu'une loi interdise dorénavant de les tuer.

– Cher Chun ! Tu as très bon cœur. Et ta demande est à la fois généreuse et intelligente. Je te promets de voir le roi en personne s'il le faut, et d'essayer d'obtenir que tous les pandas de Chine soient protégés. Et maintenant, allons annoncer la bonne nouvelle à ton père. Cela ne pourra que l'aider à se rétablir plus vite !

Fleur de Printemps a oublié le temps qui passe et son désir de rentrer tôt chez elle pour commencer sa rédaction. Elle ne pense plus qu'à Chun et à son étonnante découverte.

– Grand-père, elle est "vraiment vraie", cette histoire ? Nos ancêtres faisaient du papier avec de la crotte de panda ?

– Elle est tellement vraie que c'est encore le cas aujourd'hui, figure-toi ! Imagine que quand un de ces animaux mange vingt-cinq kilos de bambous par jour, il produit environ vingt kilos de fumier, à lui seul, et tous les jours ! On récupère toujours leurs excréments dans la nature et même dans les zoos. Finalement, à bien y réfléchir, l'idée de Wang Bao n'était pas très différente de celle de Cai Lun, qui avait observé comment les guêpes fabriquaient de la pâte en mastiquant des fibres de bambou.

– C'est formidable ! Avant, le père de Chun voulait tuer les pandas et après, il devait sûrement tout faire pour les protéger !

– En effet. Lorsque nous apprenons à connaître la nature, plutôt que la saccager, on comprend vite comment elle peut nous aider dans bien des domaines. Aujourd'hui, nous recommençons à détruire les forêts, pour construire des villes, des routes, des ponts… et les pandas sont à nouveau menacés. Espérons qu'un autre Wei Chun saura trouver une idée pour les sauver. Mais dis-moi : est-ce que maintenant tu en sais assez sur ces animaux pour te lancer dans ta rédaction ?

– Oh oui ! M'y lancer… et la finir, dès ce soir !

Lao Sheng sourit et attrapa la main de Fleur de Printemps pour la serrer dans la sienne. Au même moment, ses amis musiciens terminaient leur partition. À croire qu'eux aussi s'étaient attardés le plus possible, afin d'entendre la fin de l'histoire de Chun et de connaître le secret des pandas géants !

Dans la collection
Premier roman :

MON CŒUR CAMÉLÉON

GILLES ABIER

On dit toujours que l'amour rend aveugle... Mais parfois, il arrive qu'il nous fasse voir double ! C'est le cas pour Arthur, son cœur bat la chamade pour des jumelles de son école, Bérénice et Camille. L'une est aussi sage et appliquée que l'autre est excentrique et casse-cou. Arthur en est sûr : Bérénice et Camille forment à elles deux l'amoureuse idéale ! Mais comme il est impossible de les fusionner, Arthur a un plan : c'est lui qui va se dédoubler, se métamorphoser, pour devenir l'amoureux parfait de chacune d'entre elles !

COMMENT J'AI SURVÉCU À LA SIXIÈME

MARION ACHARD

C'est la rentrée au collège pour Taloula. Mais le premier jour en sixième n'est pas

à son goût : les profs sont nuls, son emploi du temps est nul et Adèle, sa meilleure amie, n'est plus dans sa classe. Pire, on la place d'office à côté d'un garçon qui tente de copier sur elle et admire son imbécile de frère !
Mais qui sait, les apparences sont parfois trompeuses...
Le nouvel opus des confidences désopilantes de Taloula à son fidèle journal.

DES PETITS TROUS AU BOUT DES DOIGTS

MARION ACHARD

Un jour, Paul apprend brusquement qu'il est diabétique. Pas facile tous les jours quand on a juste envie d'être un garçon normal.
Dans cet apprentissage de la maladie, Paul découvre un précieux réconfort auprès d'Anaïs, son amie d'école, et d'Arthur, jeune malade rencontré à l'hôpital.

ÉCHANGE CARAVANE POURRIE CONTRE PARENTS COMPÉTENTS

MARION ACHARD

Pour Taloula, la vie ne fait qu'empirer. À l'occasion des grandes vacances, ses parents, artistes de cirque, ont décidé de faire une tournée en Bretagne. Son père a acheté une caravane minuscule et sa mère insiste pour qu'elle assiste aux spectacles : l'été promet d'être long !

LE BAISER DU MAMMOUTH

ANTOINE DOLE

Arthur est amoureux de Fiona, la copine de sa sœur. Seul petit souci : Arthur a 9 ans, et Fiona en a 15 ! Résultat : personne, à commencer par Fiona, ne veut prendre les sentiments d'Arthur au sérieux. Alors, le jour où il découvre qu'on a retrouvé un mammouth intact, congelé dans la glace depuis trente mille ans, Arthur a une idée : il n'a qu'à congeler Fiona jusqu'à ce qu'il ait 15 ans... et finis les soucis, ils auront enfin le même âge !

Il ne lui reste plus qu'un petit détail à régler : comment procéder discrètement ?

LE PLUS BEAU RÔLE DE MA VIE

FRANÇOISE GRARD

Pour les vacances, Arthur accompagne son père au festival d'Avignon où sa troupe se produit pour la première fois. Comme il rêve lui-même de devenir comédien, il est ravi, même si la présence de Mime, sa grand-mère, complique un peu les choses. C'est qu'elle n'a pas un caractère facile... Mais quand elle disparaît en plein après-midi en laissant tout derrière elle, Arthur est très inquiet : Mime a-t-elle fait une fugue ? A-t-elle eu un accident ? Le garçon décide de prendre l'affaire en main car autour de lui, on tarde à se mobiliser.

MERYPTAH ET LE MYSTÈRE DE LA TOMBE DE TOUTÂNKHAMON

AUDE GROS DE BELER

La tombe du pharaon Toutânkhamon, pleine de richesses incroyables, se trouve dans la Vallée des Rois. Fils d'artisans, Meryptah et son ami Nakht habitent dans un village voisin. Un soir, les deux garçons surprennent des voleurs en train de piller le riche tombeau ! Pour les enfants, c'est le début d'une dangereuse aventure pour tenter de protéger les trésors sacrés du pharaon.

Reproduit et achevé d'imprimer en mai 2016 par l'imprimerie
Normandie Roto Impression s.a.s. à Lonrai pour le compte des éditions
ACTES SUD, Le Méjan, Place Nina-Berberova, 13200 Arles.
N° d'impression : 1602113
Dépôt légal 1re édition : juin 2016 - Imprimé en France